입술에 먼저 붙는 말

박봉준 시집

문학의전당 시인선
0285

입술에 먼저 붙는 말

박봉준 시집

문학의전당

시인의 말

잘났든 못났든
과년한 시들을 출가시킬 때가 되었다.

한때 이 시들과 동고동락했을 시간이 주마등처럼 스쳐 간다.

후회는 없다.

시인은, 장애를 가진 자식 같은 시를 키우기 위해
오늘도 내일도 그렇게 살 것이다.

2018년 7월
박봉준

차례

제2부

제3부

제4부

제1부

풀

사전에서 풀을 찾았더니

'초본(草本) 식물을 통틀어 이르는 말. 산이나 들, 논과 밭, 길가 등에 저절로 자라며 대개 한 해를 지내고 죽는다.'

누가 그래
저절로 자란다고

세상에 저절로 자라는 게 있느냐

짧은 생이라고
함부로 말하는 게 아니다

지구는 좌파입니다

글씨는 바른손으로 써야 한다고
우리 부모님은
왼손으로 연필을 잡는 나에게 야단치셨어요
밥도 오른손으로 먹어야 한다고
밥상머리에서도 혼내셨어요
선생님이 물으시면
나는 오른손잡이라고 힘차게 손을 들었지요
사실은 왼손으로 이빨 닦고
연필 깎고 면도질하고 머리 빗질하고
화투판에서 왼손으로 패를 돌리는
나는 지금도 내가 왼손잡이라고 생각해요
오른쪽은 바르고
왼쪽은 바르지 못해서
왼쪽이 편한 내가 평생 떳떳하지 못했지요
사람들은 오른쪽을 우파라 하고
왼쪽을 좌파라 해요
어느 날부터
왼손을 더 즐겨 쓰는 나는 좌파가 됐어요

시계는 오른쪽으로 돌아
사람들은 종일 시계를 보고 살지만
지구는 왼쪽으로 돌아요
달도 왼쪽으로 돌지요
다행입니다

산딸나무 그늘

여름은 산딸나무 바람개비를 돌리며 온다

화물차 꽁무니에 실려 붉은 황토밭에 고구마를 심으러 온 아낙네들, 점심시간 산딸나무 그늘에 들더니 질편한 웃음을 깔고 눕는다 잰걸음으로 지나가며 귀를 세우는 바람 조각들

어디서 몰려왔을까 저, 나비 떼

산딸나무 그늘에 앉으면 교복의 하얀 칼라가 유난히 빛나던 단발머리 그 계집애가 생각나고, 십자가를 메고 골고다 언덕을 오르시는 예수님 생각도 나고, 시집을 가도 친정에 붙박이로 기생하는 산달이 다 된 딸아이가 걱정인데

거시기, 봉하마을 틀낭*도 안녕하신지

---

*산딸나무의 제주도 방언.

아물지 않는 기억

소양강 곰보다리*를 걸으면
곰삭지 않은 상흔들이 반짝거리며 수면으로 내려앉는다

그 하루 여름날 북쪽에서 휘돌아 나오던 이념의 핏물은
붉은 강으로 흘러
유월이면 소쩍새 피울음 소리 가슴에 묻는다

탄환 자국이 선명한 교각 핏자국이 지워지기엔
아직도 강물이 맑다

햇살을 달아 누치를 잡는 사람들
이승의 끈을 놓은 누군가 강물로 뛰어든 듯 새들이 난다
긴장한 생명의 전화가 초록빛 얼굴이다

돌부처로 앉은 봉의산 그림자가 말없이 강을 품는다

불안한 평화가 초병의 사정거리에 있다

---

*춘천 소양1교의 이명.

구겨진 노인

천 원어치나 될까
폐지를 힘겹게 끌고 가던 노인이 소나기를 만났다

손수레가 멈추고 길바닥에 주저앉은 시름이 땅속으로 박힌다

파수꾼처럼 잠들지 않는 망각의 사자(使者)는
입에 꽃을 물고 기다리지
묵은 기억들은 향기에 취해
벌레잡이통꽃 속으로 엉금엉금 기어들어 가지

비를 맞으며 폐지처럼 구겨진 노인
자기 이름이나 알까

가족도 길도 모두 지워진 그의 고도(孤島)로 한 젊은이가 달려가
우산을 씌워주고 세상 밖으로 파랑새를 날린다

종일 새들이 지저귀더니
노인은 따뜻한 가족 품으로 돌아가고
장맛비도 멈칫 스텝이 꼬인다

동방의 개

슬하의 자식보다
재롱떠는 개를 보고 웃는 날이 많은 세상이었다
그러나 비극의 서막에서 개의 진화는 빠르고 단순했다

개를 키우는 백성이 늘어나자 사람들도 개를 닮아갔다 개의 인구가 늘어나고 개에게도 발언권을 주자 세상은 온통 개판이 됐다

달그림자를 보고 놀란 개 한 마리가 하늘을 향해 짖으면 동네 개들도 꼬리를 흔들며 짖어댔다 사람 말을 이해하지 못하고 차츰 개 말을 배우는 인간들이 늘어가자 백주에도 사람들은 서슴지 않고 개 같은 짓을 했다 처음엔 수군거리는 소리가 들려오더니 소문은 이내 더 큰 소문으로 덮어지고 더러는 바람을 따라 먼 바다를 건너갔다

갈매기섬과 요정의 나라로 사막의 나라를 지나 불순한 언어들이 사방으로 날았으나 이미 불통의 병은 골수에 찼다

지금 생각해보아도
개 같은 세상이 되는 것은 어려운 일이 아니다

그때도 시작은 소소한 침묵에서 출발했다

새섬(鳥島)

지난밤에도 물새들은 등댓불을 밝혔다

미명에 귀항하는 어선들이 새섬의 관제탑과 마지막 교신을 끝내고
활주로를 따라 들어온다

속초 앞바다
저만치 한 뼘 거리에 떨어져 앉아
바다 깊숙이 닻을 내리고
묵언 수행을 하는 저, 섬은 어느 별에서 온 것일까
얼마나 깎이고 파도에 쓸려야
죗값 다 치르고 다시 천계에 오를 수 있는가

울산으로 돌아가지 못한 설악산 울산바위처럼 아바이 아마이들은
죽어서 북녘 고향으로 간다고 했다

오늘밤

짙은 해무가 바다를 덮으면
새섬의 새들은 음이 낮고 긴 고동(鼓動)을 불 것이다

---

* 새섬: 속초시 청호동 앞바다에 있는 섬.

새섬(鳥島) 2

속초에 오면
설악산과
함흥냉면만 있는 게 아니다

갯배만 있는 게 아니다
가을동화 은서네 집만 있는 게 아니다

개 건너 청호동 앞바다

아바이보다
더 늙은 함경도 고래 한 마리

종일 귀 듣고 있다

새섬(鳥島) 3

성탄절 날 새섬에 촛불을 밝히고 싶네

등댓불은 잠시 꺼두고
바다에서 죽은 아비들과 바닷새들을 기억하며
세월호의 아이들과 바다를 원망하며 바다를 떠나지 못하는 사람들을 위하여
수백 수천 개의 촛불을 켜고 싶네

등대보다 더 큰 트리를 만들고
밤바다에 놀던 별들을 주렁주렁 달아 대청봉 꼭대기에서도 북망산에서도
죽은 영혼들이 잘 보이도록 촛불을 밝히고 싶네

그날, 바람은 사뿐히 걸어가고
솜사탕을 든 파도와 바닷새들은 캐럴을 부를 것이네

새섬과 바다에
평화가 함께하기를 기원할 것이네

무적(霧笛)*

이런 날은
불빛도 어둠도 없다
바람도 움직이지 않는다

바다에서 죽은 아바이들이 바다의 경계를 지우면 우울한 피리 소리가 들린다 피리 소리의 진원지를 바닷속 용궁이라 하고 누구는 대화퇴 심연이라 하고 또 누구는 하늘에서 들리는 소리라고 하지만 갯가에 사는 갯것들은 피리 소리가 멈추기만을 기다릴 뿐 한나절 아바이들이 간수가 핀 슬픔을 씻어내는 동안 물새들도 함부로 비상할 수 없다

문설주에 양의 피를 바르는 대신
어린 나는 귀를 막았다
바다 귀신이 내는 소리가 참 싫었다 무서웠다

무적 소리 그치면
시나브로 민낯을 드러내는
속초 바다

홍역을 치른 아이처럼 늘 저기에 있다

---

*안개 등이 끼어 시계가 불량할 때에 선박 사이의 충돌을 방지하기 위하여 울리는 고동.

환생

이른 아침부터
무논에 백로 한 마리 걸어간다
휘적휘적 뒷짐을 지고
구부정 걸어간다
눈 씻고 다시 건너다보니
작년 이맘때 돌아가신
영자네 할아버지다
노제를 지내고도
차마 논배미에서 떠나지 못하던
기력이 없어도
끝끝내 팔지 못하고
저승에 가지고 가지도 못한
저, 무논에
영자네 할아버지
오늘 아침 백로로 오신 거다
삼베 수의는 벗어두고
흰 도포를 입고

아야진

고향을 생각할 때마다
입술에 먼저 붙는 말

아야 아야

늙은 부모는 아프시지 않은지
눈물이 난다

4월 16일

어머니는 생전에 가끔 뼈 있는 말씀들을 하셨지

밤에 휘파람을 불면 뱀이 나온다거나 이름 가진 날 태어나면 팔자가 드세다는 근거 없는 말씀도 하셨는데 나름 그럴싸한 이유가 있었지

식구들은 초파일에 태어나 굴곡이 심하다는 누나를 무덤덤하게 잊고 살다가도 생일이 오면 살갑게 기억해냈지 피 냄새가 당겼지

계사년 4월 16일 아침 나는 일곱 번째로 태어나고 세월호의 아이들은 그날 백태 낀 우리 눈(眼)에 수장되었지 나는 졸지에 비운의 이름 가진 날 생일이 되었지

유언비어를 남발하시던 어머니 말씀엔 아직 뼈에 꽃이 피고 있었지

생일날 나는 꽃 대신 리본을 달게 되었지 평생 노란 리본을 달게 되었지

새대가리

어디서 몰려왔을까
무논에 왜가리들이 가득하다
신식 트랙터 써레 구경이라도 나온 것인가
밀물이 들 때마다 개펄에 서성거리는 갈매기처럼
꽃님이네 무논 써레질한다는 얘기를
동네 이장이 확성기로 방송이라도 한 것인가
이른 아침부터 목을 움츠리고 식솔들 끼니를 걱정하는
왜가리들 모습을 볼 때마다
사람이나 새나 사는 것이 녹록지 않구나 생각했는데
오늘 저렇게 떼를 지어
써레 꽁무니에서 폴짝폴짝 먹이를 잡는 새대가리들
꽃님이네 할아버지 제삿날을 기억하듯이
물가도 개천도 아닌
넓은 벌 논 가운데 써레질하는 무논이며
날짜를 어떻게 알고 왔는지
누가 새대가리라고 막말을 해대는지
하루에도 몇 번씩
까마득한 내가

경춘선 완행열차

청량리를 떠나 춘천 가는 열차
청량리 청 춘천 춘
산뜻하게 청춘의 이름표를 붙인 이층 열차가
쏜살같이 앞질러간다

빠를수록 스타 탄생이 되는 레일 위에서
오래되고 느리다는 것은
언젠가는 퇴물일 수밖에 없다는 명분
ITX-청춘이 지나가기를 기다리는 8월의 경춘선 완행열차

살벌한 유신의 구둣발에 쫓겨도
장발에 통기타를 치며 최루탄에 멍든
청춘을 씻어주던 강
여전히 눈부신 신록이 물들고 있다

차창가를 스치고 가는 상념의 청춘은 언제나
화살처럼 빠르고 싱싱하고
우리는 지나간 청춘열차에 무임승차를 한다

강 건너 낡은 침목을 베고 누운
은퇴한 레일
저만치 바람을 매달고 가는 열차를 보고 있다
녹슨 허리가 길게 휘었다

똥 이야기

요즘은 똥이 대세야
아이들 동화책도 똥 이야기를 해야 잘 팔리고
꿈 중엔 똥꿈이 최고지
누런 똥꿈
똥꿈을 꾸려고 무던히 애를 써봐도
그게 그렇게 쉬운 일이 아니지
똥을 밟으면 재수가 없다고 똥 밟은 셈 치라고
현실은 똥이 똥값이지만
꿈과 현실은 반대라서 우리는 황금색 똥꿈을 갈망하지
며칠째 똥을 누지 못해
입맛도 없고 심기 불편한
불쌍한 처남
오늘 저렇게 펄펄 나는 건 시원하게 일을 본 까닭이다
뱃속에 불치의 암을 키우는 줄도 모르고
똥 탓을 하는
속초의료원 308호 병실에서도
똥이 대세다

제2부

색깔론

아이들은 도깨비보다 빨갱이가 더 무서웠다 보이지도 않는 색깔을 어른들은 참, 귀신같이 알아냈다

육이오 때 남쪽으로 피난 온 우리 아버지가 빨갱이가 아니어서 다행이었다 아오지탄광에 끌려가 죽은 작은 삼촌은 무슨 색깔이었을까 옥바라지를 못한 할머니 속은 새까만 숯덩이였을 거다

빨간색의 알레르기 반응에 대하여, 빨간색과 노란색의 착시현상에 대하여

노란 나비들이 노도처럼 출렁거리는 오월, 나는 게으른 눈빛으로 색깔을 탐닉하고 있다

언젠가는 저, 노란색이 두려울 날이 있을까 또, 무섭다

폭설

동짓날 눈 온다
눈은 사람의 입을 떠난 말의 혼이다
배설물이다
하수관을 지나 바다로 흘러든 말
황금 나비들을 날려 보내고
나목으로 노숙하는 창밖의 가로수에
참새에게
지나가는 개에게
뭇별에 건넨 말들이
하늘에서 쏟아져 내린다
한번 내뱉은 말은 절대 죽지 않아
사라진 듯 잊힐 뿐이지
하늘로 올라간 말들이
눈꽃으로 위장한 순백의 혼으로 떨어진다
저, 부드러움이란
가벼움이란
천사의 옷을 입었다
천사의 옷을 훔쳐 입은 말의 뒤태는

늘 지저분하다
봄부터 궁창으로 올라간 말들이
수북이 발목에 빠진다
폭설(暴說)이다

준치

눈 내리는 춘천 석사동 지하다방 노숙자 차림새의 늙은 사내가 들어오자 마담이 제 오라비라도 오는 듯 반색하며 얼른 이동식 난로를 권한다

그 선선한 광경에 내 가슴 한 줄기 따뜻한 피가 흐르는 사이, 사내는 능숙한 저음으로 대추차를 주문하고 주인 언니라고 부르는 여자와 고양이 닮은 마담에게 차를 권하며 온화한 미소로 보란 듯이 둘러싸이는 것 아닌가

입에 발린 안부와 단골손님인 양 시시껄렁한 기억들을 몇 차례 벗겨내곤 눈치껏 자리를 뜨는 여자들, 어색한 정적이 흐르더니 사내는 마침 커피 배달 갔다 오는 어린 티가 졸졸 흐르는 여종업원에게도 선심을 쓴다

하, 눈치 살피던 저 계집아이 수놈 산천어가 몸 비비고 방사하듯 사내 앞에서 부르르 제 몸 한번 세차게 뒤틀더니 그뿐, 냉큼 찻잔 치운 자리에 늙은 사내는 썩은 준치 값만큼의 시퍼런 지폐 한 장 호기롭게 던져놓고 문을 나서는데

큰오빠 내일 또 오세요 뒤늦은 마담의 목소리가 옷깃을 세우고 계단을 오르는 늙은 사내의 요령을 알량하게 흔든다

봄날의 초상(初喪)

진도 가문의 암놈 백구가 눈을 감았다 회사 사람들은 며칠째 곡기를 끊은 백구가 또 바람이 났다고 수군거렸다 단식투쟁을 하던 그들의 기억 사이로 꽃뱀이 빠르게 지나갔다

심장사상충*입니다 주사를 놓으면 쇼크로 죽을 수도 있습니다 수의사의 처방전을 귓등에 매달고 거죽만 남은 목덜미에 주사기를 꽂았다 수의사의 말이 백구의 심장에 박히더니 격하게 요동쳤다 명자나무가 자궁에서 붉은 봉오리를 밀어냈다

백구의 죽음에는 모기들이 관여했음에도 나는 백구를 죽인 피의자가 되었다 심증이 확실한 모기들은 이미 지난 늦가을 지하로 잠적한 상태 수놈 백구의 울음소리에 명자나무 숲에서 밤새 해산을 지켜보던 바람이 화들짝 깨어났다

주방 여자가 재빠르게 개밥그릇 하나를 치워도 흔적은 이내 어우러지고 마당귀에 피었던 목련 저물녘에 다 졌다 이 봄날 내 안에 오래 머무르는 것은 없다

---

* 모기를 숙주로 하는 개과와 고양이의 질병.

몽둥이

삼복 한철 나무에 매달아 횡사한 견공의 영혼들은 마을 뒷산에서 내려올 때마다 피비린내를 풍겼지만 대저 관습법이란 그렇고 그런 것이어서 대숲에 바람이 마르기도 전에 그 짓거리들은 개나 물어 갔다

폭동진압 훈련이 있는 날이면 언젠가 한번 본때를 보여주겠다며 야무지게 진압봉을 찔러대던 억양이 센 그 꼴통 선배 지금쯤 나보다 백발이 더 성성할까

태평양 건너 아이티며 칠레에서 연일 강진이 일고 여진이 일고 사람이 털리고 상점들이 털리고 다스리는 자들의 몽둥이가 어지럽게 춤을 추는 아, 저 익숙한 풍경들

꽃피는 이 아름다운 봄날에도 내 귀는 갈수록 어두워 이따금 바람의 볼따구니가 시린 강가에 나가 멍 멍 소리 지르고 싶은, 그래 광견병에 걸린 미친개는 몽둥이가 약이라 치자

박주가리

빈 나뭇가지마다
말라비틀어진 박주가리가 걸렸다

잘 나가는 몸이었다
운세가 별 다섯 개라 거침없이 오르고 뻗더니 칠월 염천에 박주가리 그 일생도 마침내 왕관을 썼다 큼지막한 복(腹)덩어리를 매달면 바람도 조심스러웠다

지하철역 골판지 한 장을 깔고 바닥에 누운 사내들
아버지, 아버지들
그들도 한 시절 박주가리 덩굴이었을

쌀 두 말을 종잣돈으로 지고
삼팔선을 넘어오신 우리 아버지도 한때는 거친 파도에 누워
바다를 송두리째 토해내셨다

홀씨 떠나보내는 날은 가장 좋은 기일을 택했을 거다

빼친 바람을 달래고
숲의 요정에게 귀한 선물도 하고
달 밝은 밤이면 정화수를 떠놓고 짐짓 죽어도 좋다고 했을 거다

풍장(風葬)이다
마른 가지에 걸린 박주가리
텅 비었다

월선

내 아내 이름은 월선이다 내 어머니 이름도 월선이다

방파제 벽에 '월선 조업 금지' 문구가 붉은 깃발처럼 펄럭이던 시절 옆집 개똥이 아버지가 발동기를 타고 바다에 나갔다가 월선하여 죽을 때까지 피똥을 쌌다

줄줄이 딸 여섯을 엮은 어머니는 육이오 때 남으로 월선하여 금쪽같은 장남을 낳고 내 아내도 월선하더니 한 방에 아들을 낳아 딸 부잣집을 울음바다로 만들었다

바다에도 선이 있는지 바다에 선을 어떻게 그을 수 있는지 어린 나는 개똥이 아버지가 골병든 것보다 기실 그게 더 궁금하였는데

선을 함부로 넘으면 안 된다는 것 죽는 수가 있다는 걸 나는 일찍 알았는데 더러는 그 죽음 같은 선을 넘어서 영원히 사는 그대

곰과 곰국에 대한 연상

곰국을 끓인다는 말, 그러니까 나는 처음엔 그게 곰[熊] 고기를 삶는 줄 알았다

그해 겨울, 눈 쌓인 신작로 정거장에 쓰러져 있던 집채만 한 곰이 아직도 내 어린 기억 속에서 일어나지 못하고, 털가죽을 두른 강원도 포수 흘리* 당숙이 꿈에 보였는데, 어머니 장례식에 오시지 않은 걸 보면 진부령 산속에서 그만 곰이 되었는지도 모른다

외양간으로 쏟아지는 햇볕에 앉아 끔벅끔벅 우울증을 견디거나 일상을 되새김질하던 황소, 가끔 들판을 향해 여물 같은 울음을 토해내며 멍에를 매던 우직한 뼈가, 오늘 한 솥 가득 진한 눈물을 쏟는다

뼈마디 마디에 각인된 척박한 일생, 그 영혼까지 고스란히 녹아내려 이제 내가 곰같이 미련하고 힘센 황소가 되는,

아내는 가스불을 켜놓고 종일 외출 중이다

---

* 진부령 기슭에 자리 잡은 산촌.

스킨다푸스*

연두색 줄기가 창틀을 횡단한다
힘차게 물결을 가르며 그러나 아주 은밀한 영법(泳法)

폭염이 쏟아지는 오후나
태풍 볼라벤이 미친 듯이 바람을 퍼붓는 날에도
스킨다푸스의 영법은 흔들림이 없다

며칠째 술래가 되어도
나는 저, 재빠른 동작을 잡을 수 없어

새벽, 창문 너머 고가도로를 질주하는 자동차 소리, 응급차 소리, 기차 소리, 살찐 도둑고양이 소리, 가로등 불빛을 갉아먹는 풀벌레 소리

소리에 졸다 졸다가 불현듯
무궁화 꽃이 피었습니다 무궁화 꽃이 피었습니다
그래도 여전히 나는 술래

술래가 아니더라도 우리는 박쥐 울음소리를 듣지 못하지

어디까지 가는 것일까
강을 거슬러 오르는 노란 얼룩무늬 연어들

---

* 천남성과에 속하는 실내용 관엽식물.

별밭

별똥별들은 휘파람 소리를 냈다. 마당에 둘러앉아 늦은 저녁을 먹고 나서 모깃불을 피우거나 뒷간에 빠진 어둠이 여우울음을 낼 때도 수평선 너머 긴 사선으로 떨어지던, 나는 지금도 유년의 그 별밭을 수소문하고 있지만 번번이 실패다.

별똥별을 보고 소원을 말하라고 누군가 말했지만 무슨 소원을 빌었을까 기억은 없다. 어느 밤하늘에서나 여울물 소리가 들리던 메밀밭, 사라진 별처럼 나이 든 고향 사람들도 하나 둘 강을 건넜으리.

내가 어른이 되어 고향에 가는 날이면 갯바위에서나 야생의 풀 냄새가 훅훅 달아오르는 들녘에서 밤새 기다려 보아도 별밭은 보이지 않는다. 포구에도 어둠이 지워지면서 별들은 하나 둘 고향을 떠났다.

오늘도 부황 든 달이 노루목에 걸터앉는다.

국제식당

오월이면 영산홍 꽃물이 가득한 구내식당
작업시간에 시들하던 김 여사
활짝 피어납니다
캄보디아 총각들도 목소리를 키우고
구레나룻이 무성해 예수님 같기도 하고 산적 같은
인도네시아 울름은 싱글벙글 돼지고기도 잘 먹습니다
오늘도 긴급 호출된 중국 여학생 알바들
그들의 대화에는 기름때 짙은
어느 오래된 중화반점의 독한 배갈이 타들어가고
향채 냄새가 둥둥 떠다닙니다
애미나이들 좀 조용히 하기요
참다못해 연변 박 씨가 냅다 소릴 질러도
다국적 언어들이 꽃을 피운다
그 틈새에서도 슬쩍
여학생들에게 수작을 걸어보는 베트남 놈팡이
자기네 말로 시끌벅적하다가도
때로는 한국말 한마디에 눈치껏 봄 꽃물 드는
금상 LF* 국제식당

---

* 농업회사법인 양계회사.

느티나무 봄을 잉태하다

나무들 물오르는 소리 차다 둔중한 빗장이 헐거워지는 시각, 놀이터 양지쪽 겨울 가생이가 조금씩 무너져 내린다

애를 밴 젊은 느티나무 맨 종아리로 산책 나왔다
장딴지가 탱탱하다

지난가을 가난하거나 고독하다거나 황홀한 잎들이 떨어진 자리, 이제 겨우 외투를 벗은 바람이 툭, 툭, 장난을 걸자 햇가지들 키득댄다

입을 가리고 웃는 고사리 손들이 붉다 새 한 마리 어리둥절 어깨 위에 앉았다가 날아가자, 연두색 햇살 후드득 떨어진다

불현듯이 겨드랑이가 가렵다*

---

* 李箱의 『날개』에서 인용.

늙은 아이들의 동창회

오월 하루 등나무 차일 아래 연보라며 하얀 꽃숭어리들이 모여앉아 한껏 제 목소리를 키웁니다 고향에서 평생 배를 타는 아이들과 서울 가서 성공했다는 아이들 월급쟁이 하다 귀향을 고민하는 아이들 늘그막에도 공공근로 다니는 아이들

장된 웃음들이 초등하교 모교 운동장을 환보합니다 과부도 웃고 홀아비도 웃고 지나가는 바람의 방귀 소리에도 웃음이 터집니다

한때는 등나무처럼 배배 꼬여 돌아서면 쌈질을 하더니 이제는 거시기 모양 그럴 힘도 없는지 등나무 이파리가 만든 차일 아래서 오늘은 꽃숭어리로 마냥 흔들립니다

가끔은 은퇴한 벼슬과 돈 냄새가 정전기를 일으키지만 바닷가 늙은 아이들 더는 쉽게 감전되지 않습니다 이런 날이면 예외 없이 허리 굽혀 명함을 돌리는 고향 동네 후배들까지 덩달아 즐겁습니다

곡우(穀雨)

말숙 아버지 거기도 눈 와유

서울 간 남편한테 핑곗김에 김 여사가 전화합니다

뜬금없이 시방 무슨 소리여
때가 어느 땐데 자다가 봉창 두드리는 소리를 혀고 그랴

때가 어느 때긴 오늘이 곡우(穀雨) 아닌감유
근디 여긴 눈이 오는데유

눈은 무슨 눈이 온다고 자꾸 그래 싸
어디서 벚꽃잎이 날아오겠지 이 정신 나간 할망구야

참말이라유 논산엔 시방 눈이 펑펑 와유

근질근질한 피

간호사가 건네주는 빵 한 개와 우유로 끼니를 해결하고 그 피 값으로 받은 몇 푼을 생활비로 쓴다고 젊은 날 친구가 고백했을 때 측은지심보다 개 같은 생각이 들었다

인사계 선임하사의 꾐에 빠져 나도 빵과 우유를 얻어먹고 삼박 사일 휴가에 팔아먹은 혈기왕성한 피는 아직도 사십 년 동안 정의로운 헌혈이다

병실에 누워 거치대에 달린 혈액 주머니를 쳐다보니 문득 피의 주인이 궁금하다 어떻게 생겨먹은 누구일까

여자일까 남자일까 아, 좀비의 피가 흐를지도 모를 나는 어쩌면

온몸의 피가 근질근질하다

양은냄비

불꽃을 문 혀들이 속살거리자 냄비뚜껑이 들썩거린다 끓는 물에 라면을 집어넣고 한 끼 식사를 기다리는 사이에도 허기진 배는 닦달이다 살가죽이 벗겨지고 찌그러진 노란 양은냄비에서 끓여내는 라면은 늘 고독한 맛이 있다 서슬 푸른 가스불을 끄고 빌딩 앞 브론즈 여인의 가슴처럼 냉랭하게 시든 냄비뚜껑에 라면을 먹으면서 텔레비전 뉴스를 본다

인질로 잡힌 동포들 부르카* 틈새로 우울한 눈빛을 본다 마른 흙바람이 아프가니스탄 거리를 질주한다

식은 라면에 돌 하나 씹힌다

---

*부르카: 차도르의 일종.

제3부

늙은 호박

토방 한 모퉁이
양지쪽에 모여앉아
두런두런 말씀도 많다

며느리 흉에
손주 자랑
설핏 가을 해가 지네

눈만 마주쳐도
아들 딸 쑥쑥 뽑아내던
저, 고운 엉덩이들

진자리에 욕창 들던
우리 어머니

덤

동네 아이들이 학교에 가고 나면
심심한 육손이는 무얼 하고 놀았을까
막내 삼촌만 한 육손이 골려 먹는 재미가
사시사철 쏠쏠했는데
손가락 발가락이 한 개씩 더 달린 육손이
아이들은 늘 그가 만만하였다
자고 일어나면 꼭, 떨어졌을 것 같은
손바닥선인장 끝에 달린 그의 막내 손가락
조무래기들이 육손아! 육손아! 부르면
심사가 뒤틀린 육손이 어머니는
막대기를 휘두르며 아이들을 쫓고
발가락도 한 개 삐죽 머리 내밀어
벗겨질 듯 말 듯 고무신을 걸치고 다니던
코밑이 시커먼 육손이
날선 보망* 칼 들고 그물 손질할 때면
영락없는 어른이어서
반 토막짜리 덤이 달랑거리는 손으로
바다가 빠져나간 자리 촘촘히 꿰매기도 하고

아이들의 조롱을 웃으면서 쓸어 담던
덤으로 평생 덤을 지고 가야 할 그 남자
이름이 뭐였더라

---

*보망: 그물을 손질하여 고침.

빈 궁(宮)

어머니 모시고
진맥 잘 짚는다는 의원을 찾았다
늙은 영감님이 말씀하셨다
자궁이 없으시군요
고개를 끄덕이시는 어머니
자식들 모르게 자궁 들어내셨다
언제였을까
당신의 자궁에 씨 뿌리시고
그 씨 여물어
제 새끼 거느릴 때쯤이었을까
아쉬울 것 없어
더는 宮이 필요 없다 생각하신 어머니
들어낸 자궁의 무게만큼
가벼워지셨을까
꽃이 피고 늘 향기 가득하여
깊이를 알 수 없던
어머니의 宮은 이제 없다
어머니,

자궁 들어낸 자리에 무엇을 채우실까

바람 소리 덜컹거릴 때마다
빈 궁(宮)으로 달려오시는 내 어머니

미늘

저녁 밥상을 대하니
동태머리에 커다란 낚싯바늘 박혀 있다
화살을 맞고 전사한 고대의 어느 미라처럼
저, 생전의 명태도 어디서
무슨 생각으로 낚시를 물었을까
아니면, 떡밥에 잠시 눈이 멀었던 걸까
피어싱이라고 농담을 하기에는
명태 식솔들의 애타는 마음이
너무 간절할 것 같아
나는 슬며시 낚싯바늘을 뽑아 벽에 꽂았다
실은 말이지 내가 동탯국을 먹다가
동태처럼 목구멍에 낚시가 걸릴까 봐
더럭 겁이 났던 거지
그러고 보면, 어지간한 미끼 꿀꺽 삼켜도
낚시에 걸리기는커녕 개기름이 피는
인간들은 참,
재주가 비상한 거다
오늘도 곳곳에 떡밥 질펀하고

하늘 아래 주렁주렁 늘어져 있는 낚싯바늘들
미늘이 반짝거린다

적막강산

어머니 돌아가시자 괘종시계가 멈췄다
긴긴 하루해
덧없이 흘러가는 세월이 무료한 탓이었을까
어머니는 꼭, 괘종시계만을 고집하셨다
삼십 년 넘도록 벽에 기대 함께 살아온
세이코 시계는 목소리도 거칠어지고
밥 한 술 뜨고 나서야 터벅터벅 길을 나섰다
움직일 수 있는 것이 움직이지 않는다는 것
어머니에게는 어떤 의미였을까
만만한 아범을 불러서 수시로 밥을 주자니
아들의 불만도 서서히 원을 따라 돌았다
건전지를 한 번만 넣어도
오랫동안 제 본분을 다하는 디지털시계
뻐꾸기 소리 정겨운 그런 시계도 지천인데
하필 제 구실 성치 않은 불알시계
툭하면 허기져 늘어지는
늙은 시계의 심줄을 조이라 하셨다
어머니 돌아가시고 그 신소리 들리지 않아

까마득히 잊고 있었지
아들 딸 서울 가고 아내 없어 혼자 사는 날
방 한구석에서 아직도 벽을 기대 있는
그 늙은 괘종시계 물끄러미 바라보니
아, 이제야 조금은 알 것 같다
내 어머니 마음
죽어서 살아야 할 그 길고 긴 적막강산을

명자꽃 그 이름

입동 지난 덤불에
모과인 척 굴러다니는 열매 하나 주워서
책상머리에 두었더니

집 나간 명자 누나 아직도 거기 뒤뜰 장독대에서 울고 있구나
아끼꼬 소냐의 붉은 입술 가시 꼿꼿하게 세우고 있구나

검버섯 피고 쪼그랑 망태기
늙은 몸에서도 시큼한 단내가 나는

내 어머니도, 명자꽃 같은 시절 있었다

가을 산

빵 냄새 가득하다

아내도 소보로빵 좋아하는데

저러다

가을 가기 전에 다 타겠다

어머니의 술잔

어머니의 음주는
처녀 때부터 있던 속병 때문이다
어머니가 마시는 술은
속병을 치료하는 약이라서
주로 주방에서 김치 조각 하나로 드신다
원 샷 또는 투 샷
보기(bogey)는 없다
약에 취해 속을 드러내시기도 하지만
그 속 안 봐도
자식들은 짐작이 간다
눈 깜짝할 사이
소주를 마시는 민첩한 속도만큼
술잔은 따로 없다
밥그릇이나
머그잔
주방 그릇은 모두 어머니의 술잔이다
대폿잔이다
어머니의 술은 약이라서

과다 복용이 늘 걱정이었지만
그래도 미수(米壽)에 가셨다

눈깔

목선을 타고 바다에 나갔다가
가마때기에 둘둘 말려온
개똥이 아버지 얼굴엔 눈이 없었다
고기나 문어가 뜯어먹었을 거라고
골뱅이가 파먹었을 거라고
동네 사람들이 수군거렸다
어린 나는 한동안
그 좋아하던 생선을 먹지 않았다
바닷가에서 고동도 게도 잡지 않았다

오래전 집들이에 갔는데
유심히 나를 지켜본 회사 동료가
그 많은 산해진미 중에서
제일 먼저 생선으로 젓가락이 가더니
눈깔을 먼저 파먹더라고
바닷가 사람이 틀림없다고
연신 감탄을 하면서 놀려댔다

동탯국을 먹다가
멀겋게 눈을 뜬 동태 눈깔을 보니
개똥이 아버지가 생각이 나서
요즘은 내가 문어인지 골뱅인지
눈깔을 제압하는 것이 사는 것인지
자꾸 눈이 스멀거린다

거미

가을 산모퉁이
어장에 나온 거미, 비를 맞고 있다

날벌레도 날지 않는 날
신갈나무 숲을 두들기는 빗소리에
바람이 웅얼대는 소리 알아들을 수 없다

바다에 몰개가 치면 아버지 속병을 앓고
며칠씩 파도에 휘둘린 그물에서 벗겨낸 생채기들
갑판 위에 허옇게 나뒹굴었다

휘청거리는 거미줄
왕거미가 연신 빗방울을 털어낸다

쇠말뚝에 묶인 부둣가에서
그물 손질하는
아버지 등은 늘 축축한 간수 냄새가 났다

삼팔선을 넘어온 아버지, 한때
거미 같은 손으로
그물을 치셨다

나도 명품을 먹는다

장모님이 명태순대 만드신 걸 보니
아직은 기력이 짱짱하시다
오징어순대도 잘 만들지만
팔뚝만 한 놈 뱃속에 함경도 비법을 꽉 채운
명태순대는 명품이다
언제부터인가
마지막이라고 만드시는 명태순대
아내는 전수받을 생각이 없는 눈치다
배 가르지 않고
아가리로 내장을 몽땅 끄집어내어
손끝마다 가시가 박힌들
자식들 목구멍으로 넘어가는
그 즐거움을 생각하면 무슨 대수겠는가
여보시요
아, 아 애비인가
전화가 오면
이 아 애비가 좋아해서
명태순대를 만드신다는 장모님

명태순대 못 만드실까 봐
해가 갈수록 걱정이다

봄밤

산통 중인
저 꽃나무들 밤새도록 기척 하나 없다

첫애를 기다리는 산실 밖 사내처럼 귀 열고 서성거리는 밤
열나흘 달빛에 터지는 꽃의 초성을 듣는다

천지에 꽃, 꽃, 꽃
꽃봉오리들의 무음이 경건하다

불면증에 잡힌 봄밤, 꽃의 향연이다

벌써 꽃이 진다

산벚꽃 피면

사월이 오면 산벚꽃 터진다
포연 자욱하다

육이오 때 산화한 남편을 가슴에 묻은 할머니

이 산 저 산
비둘기 울면 훠이 훠이 훠이 훠이

종일 귀 어지럽다

일어나 걸어라

내 집에 올 때마다
꽃냄새 은은한 보험설계사 명희 씨
지원이와 찬송가를 부른다
성령 받으라 성령 받으라 예수 네게 말씀 하셔서*
손뼉 치며 가성으로 따라 하는
뇌병변 앓는 열 살
어느 아득한 별에서 길을 잃어
말도 못하고 걷지도 못하는
어쩌자고 너는 소통 불능의 지구에 온 것이냐
장윤정이 노래에 쫑긋 귀 세우더니
짠짜라 힘차게 불러
기도 시간에 제 어미를 당황하게 하는
노래 박사 지원이
성령 이모 명희 씨
오늘도 굽은 아이 손을 잡는다
일어나 너 걸어라 내 너를 도우리*
물끄러미 바라보는 내가
십자고상에서 바라보는 예수께서

일어나 걸어라
일어나 걸어라 지원아

* 찬양 찬송가 구절.

처남

서울 병원에 다녀오다가
미시령 갓길에서 사진을 찍었다
불붙은 울산바위 단풍이 너무 곱다고
사진을 찍자는 아내의 꼬드김에
병색이 가을 산을 닮아가는 처남은
생의 마지막 사진을 찍었다
도리구찌 모자가 잘 어울리는 처남은
우리 내외 속을 아는지 모르는지
애써 웃음을 짓더니
떡갈나무 가지에 걸린
가을볕을 따라 영정 속으로 들어갔다
함경도 아바이 문중 산에
수목장으로 세 들어 사는 처남은
아직도 도리구찌 모자를 쓰고 다니며
나를 바라볼 때마다
그때 사진 찍기를 잘했다고
눈짓을 한다

친구

양계장 배수로에 비름이 무성하다
들풀인가 싶어 관심도 없는데
세월이 눌어붙은 헛간에서
냉큼 고무대야를 가져온 친구는
식구가 없어 미처 먹지도 못한다며
뜯어가라고 성화다
쭈뼛거리는 나를 제쳐놓고
고무대야 가득 비름나물을 채우는
친구의 눈에 설핏한 여울이 인다
언젠가는, 바빠서 농약도 못 쳤다며
잎사귀마다 고단함이 숭숭 드나드는
구멍 뚫린 가을배추를
승용차에 가득 실어주던 그 사내
휘어질 줄 모르는 성격 탓에
멋대가리 없는 남자라고
그의 아내와 내가 더러 흉을 보지만
그런 그에게
나는 가슴 부풍해 신세를 지고 산다

능소화

홍등가를 지나다가
유리곽 속에 앉아 있는 꽃들이 하도 예뻐서
못 본 척 슬그머니
그 골목을 몇 바퀴 더 돌았다

당장에라도 내게 달려들어
독한 향기로
녹여버릴 것 같은 생각에
눈도 못 맞추던

짙게 볼 터치한 능소화
어스름에 떼 지어 길 막고 서면
그 숙맥 같던 기억들이
툭, 툭, 꽃잎 떨어내는 소리

여름 다 가도록
진저리치게 꽃망울 피우고 지는
애증도 저쯤은 돼야지

제4부

아버지의 노하우

아버지는 언제나 당원이었다 권력에 기생하려는 철새 당원이었지만 철새가 된 적은 없었다 유신(維新)의 막장을 보지도 못하고 돌아가실 그때까지 아버지에게는 철새가 될 기회가 오지 않았다 크든 작든 장사를 해먹으려면 집권당 당원이어야 한다는 당위성을 내게 흘리실 때마다 어린 내 머릿속에도 빠르게 전류가 흘렀다 점포 하나 꾸리면서 무슨 든든한 빽을 가진 것처럼 장사꾼의 비법인 양 은밀히 전수해주시던 백발의 아버지 사실 아버지는 연약한 텃새였다

청호동 간나

태풍 고니가 지나가더니 성깔을 부리는 파도
뭐라고 속을 뒤집어놓았기에
속고갱이 내놓고 펄펄 뛰는 폼이 저러다 또 사람 잡아먹지

머리는 귀신같이 산발하고
입에 거품 물고 달려드는 꼭 미친년 행세지

내 어릴 적에도
저, 화풀이에 동네 줄초상이 난 기억이 있어
갯바위에서 통곡하던 개똥이 엄마
백사장에 퍼질러 앉아 몇 날을 실시하던 떼과부라는 말을
그때는 몰랐지

저러다가도 양같이 순해지는 그런 날이면
해초 냄새나는 머릿결이며 속살 드러내놓고 헤헤거리는

누가 청호동 간나 아니랄까 봐

누대의 노하우

왜가리들이
정물화의 주인공이 되는 것은
호숫가에서 할 일이 없어
물속의 낮달을 들여다보거나
지나가는 물잠자리를
감상하고 있기 때문이 아니다
왜가리들이 이따금 고요를 깨고
공중제비하는
물고기들을 혼내주려고
생각에 잠겨 있기 때문도 아니다
이왕이면
삼팔따라지보다
삼팔광땡이 재수 좋다고
화투 두 장을 턱 붙여놓은
속초 동명동 활어센터 38호 집
처제네 가게처럼
다 누대에 걸친
가난의 노하우 때문이다

똥강아지

손주 강아지들이 싸놓고 떠난 똥을 치우고 나니
집 안이 적막강산이다

발병이 났는지
십 리도 못 가 딸한테서 온 전화
어깨너머 똥강아지들 소리에 외할미 벌써 눈시울 붉다

누구나 어릴 적 한때는 강아지였지
할머니 할아버지가 눈에 넣어도 안 아프다고
우리 강아지

오래오래 살라고
똥강아지

그 강아지들이 눈에 밟혀 종일 끙끙거리는 아내

나도 똥강아지라고 불렀을 할머니 할아버지
기억이 없다

여울이 있는 강

강을 거슬러 올라가는 여울이 눈부시다 필경 강 아래 어디쯤 수문을 연 것일 게다 물오리 가족들의 나들이가 물살의 세기만큼 활기차다 가장의 목소리가 쩌렁쩌렁 강을 건넌다

세찬 물소리가 가슴에 와 부서진다 밤낮없이 숨을 토해내는 여울은 강의 허파다 강이 절망하기에는 아직 이르다

물의 탈출구가 보이지 않을 때 강의 절망과 분노는 강의 잘못이 아니다

안개가 강을 덮는다 안개는 예고 없이 강을 기습하지만 여울을 가두지는 못한다 누구든 흐르는 강을 함부로 막을 권리는 없다

여울물 소리가 싱싱한 밤이면 은하수에서 내려오는 별들의 첨벙거림 별이 범람하는 강이다

운석

바윗덩어리가 별이었다니 기가 막히다

별을 따다 주겠다고 큰소리치던
그 사내 떠나고 평생 그 별 가슴에 달고 살던 여자도 떠났다

지금 생각해보니 다행이다
모르는 게 약이라는 말

하긴, 별이 바윗덩어리라는 거 모르랴

우리는 한 번쯤 누구에게 별이 되고 싶다
별을 따다 주고 싶다

지구보다 큰 바위들이
마구 하늘 위로 떠다니는 밤, 돌을 따다 준다고 해봐라
누군들 가슴에 돌이 박히지 않으랴

운석이 떨어지고 별이 죽었다

죽어도
별 값은 하고 죽었다

막(幕)을 뚫다

사람이 되려고
나는 남보다 먼저 막을 뚫고 들어가
막이 있던 자궁에서 나왔다
출세란 막을 뚫고 나가는 것이다
처음 세상에 나왔을 땐 나도 옥동자였다

인공위성을 우주에 쏘아 올릴 때도
막을 뚫는 것이 관건이다
막을 뚫고 나갈 때
때로는 목숨을 내놓아야 한다

운석이 떨어졌다
막을 뚫느라고 까맣게 몸을 태우는 별들은
사망률이 아주 높다
하늘의 막은 사람의 막보다 뚫기가 어려워
값이 로또다

막을 뚫어도 들어갈 수 없는 막이 있다

저승의 막을 뚫어도
더는 의지대로 들어갈 수 없는
막 하나 있다

벚꽃 지다

눈물 자국이 범벅이다
마를 겨를도 없이 방울방울 포도(鋪道)에 떨어지는 꽃잎

벚나무 아래서 사람들이 가슴을 적신다
누구는 꽃비가 내린다고
폭설이라고

꽃 진 자리에는 벌써 연두색 새살이 돋았다
봄이 허망한 것만은 아니다

무슨 말을 전했을까 새 한 마리 날아가자 또, 울음바다다

봄날이 한꺼번에 진다

귀

이순(耳順)에 들어도 아둔한 귀 때문에 비명횡사할 수 있다
는 의사의 말을 듣고 무당 신줏단지 모시듯 혈압약을 챙겼는
데

커다란 귀 노지에 열어두고 토란을 기르던 양지바른 밭을
지날 때마다 내 작은 귀가 부끄러웠는데

나이를 먹을수록 귀는 더욱 서슬 푸르게 날이 서고 목에
핏대를 세울 때마다 이제라도 그 토란밭에 달려가 당나귀 귀
당나귀 귀 소리쳐 바람의 등을 떠밀면

내 귀에도 은하수 개여울 소리가 들리고 혈압약을 끊은 중
저음의 사내가 후덕한 웃음으로 광장에서 바람개비를 돌리
는, 그런 날이

댕기머리 왜가리

왜가리 한 마리
해 질 무렵 먹이를 구하러 나왔다가
힐끗 나를 보더니
재수 없다는 듯 자리를 뜬다

이른 저녁을 먹고
뱃살을 빼러 강변에 나온 사람들
거들먹거림에

배가 고픈 왜가리
외다리 타법에도 피라미 한 마리 잡지 못하자
무안하였던 거겠지
화풀이를 해대는 거겠지

소양강 여울은 해거름에 잠기는데
댕기머리 그 왜가리

비 오는 날

비가 내리면, 그 여자는
자신의 가슴에 생채기를 낸다
뿌옇게 달아오르는 유리창 너머
기억의 빗장을 푼다
잔잔한 웃음 짙을수록 골 깊은 생채기
수없이 못질을 해대는 비바람의 끝에는
아직 미련의 터널을 통과하지 못한
신음 소리 비릿하다
땅바닥을 힘차게 튀겨 오르다 고꾸라지거나
풀 잎사귀에 동그랗게 말렸다가
어느 날인가는 또 저렇게
지지랑 물로 떨어져서 까맣게 속을 태우다가
그 여자는 비가 된다
빗속을 서성댄다
수없이 사선으로 날아와 박히는 못
여자의 가슴에 비수처럼 꽂히고
장미 철 내내 담을 넘고 있는 나팔꽃
무더기로 피고 진다

공전(公轉)

몇 바퀴를 더 돌아야 할까
비로소 내 몸에 빌붙은 무게를 덜어내고
초겨울 상현달을 본다
수능시험이 끝난 여학교 교실 어둠이 가득하다
운동장 트랙에 들어서는 사람들, 모자를 눌러쓰고
어떤 사람은 마스크를 쓰고
재잘거리거나 가슴을 곧추세우며
원형수족관에서 원무를 추는 보리새우처럼
모두 한쪽으로 돈다
만유인력이 미치지 않는 행성들 궤도를 돈다
앞서거니 뒤서거니
송촌동 성당 세실리아 수녀
정육점 뚱땡이 마누라, 선비세탁소 염 씨
처음 누군가 그렇게 돌고 그렇게 따라서 돌고
더러는 여드레 상현달이 이울 때까지
달빛을 태우고 또 태우고

간이 동창회

고향 떠난 치어들이 망망대해 돌아 친구가 사는 바닷가 그늘 좋은 솔밭에 올랐습니다

옛날 교회당이며 빵집, 어느 은밀한 골목에 실루엣으로 남은 그림자들이 희미하게 모습을 드러냈으나 예각(銳角)으로 불던 바람이 잠깐 흔들리며 지나갈 뿐, 넉살 좋은 얼굴마다 웃음이 팡팡 터집니다

해가 긴 저물녘이면 마당에서 맨 감자를 먹던 어릴 적 별들과 밥상 물리고 급하게 하늘에 오른 아이들까지 다 모였습니다 참 오랫동안 단절된 누군가가 보고 싶다는 것은 늙는다는 걸까 목청껏 떠들어도 오늘만큼은 이름을 적을 당번이 없습니다

해변 노래방에서 성이 덜 찬 재덕이, 머지않은 날 질리도록 잘 잠을 왜 일찍 자느냐고 밤새도록 성화입니다

영랑호 왜가리

어스름 저녁
물가에 나온 왜가리 미동도 없다
목숨을 건 사선에서는 누구나 초병의 눈빛이다
갈대밭에 든 바람도 괜히 미안함 맘이 드는지 눈치껏 지나간다
기다림이란 누대에 걸친 노하우
왜가리 족속의 어로법이지
물밑을 보지 않아도 호수의 평화란 그저 허울 좋은 그림뿐일지 몰라
피가 거꾸로 올라도
외다리로 버티고 서 있는 저 간절함이란
면 서기를 하다가 피난을 나온 우리 아버지도
한때는 손에서 늘 간수 냄새가 났지
앞서거니 뒤서거니 달과 별이 첨벙거리는 열사흘 초저녁
발목이 시린 왜가리
오늘도 물에서 경전을 읽는다

소금꽃

그 바다 끝에서는 종종 갈기를 세운 백말들이 거친 들판을 내달렸다

목선을 타고 어장에 나갔다가 몰개바람에 횡사한 아비, 굿판이 열리고 대[竹]에 실린 아비의 말을 어미는 용케도 알아듣고 목 놓아 울었다 백사장에 구경 나온 떼과부들도 그런 날에는 영락없이 묵은 슬픔들을 밤새도록 파도에 쓸려 보냈으리

비가 오나 눈이 오나 어미들은 억척스럽게 부두에서 비늘을 털며 종간나 새끼들을 뱃놈의 호적에서 파내려고 버둥거렸지만, 쇠말뚝에 묶인 바다는 짐짓 갯바위에 닻을 내리기만 하던

소금에 절어 있는 포구, 웬수 같은 바다를 떠나지 못하고 비린내 나는 어미아비들만 남은 내 어린 날 겨울 포구에는 소금 바람이 불었다 겨우내 소금꽃이 피었다

세탁기

밤늦게 귀가한 사내의 하루가
아침부터 옷을 벗는다
아이들 등에 붙었던 잔소리도 벗겨지고
세탁기 볼멘소리 담을 넘는다
찌든 때 안간힘을 다하여 버텨보지만
때가 고약해질수록
더욱 강해지는 고단위 농축 세제
무기력한 저항이 맴을 돈다
서로 제 몸에 알맞게 세파를 견디다가도
가끔은 한자리에 모여 맴돌아 볼 일
얽히고설켜 뒹굴다 보면
자신이 얼마나 오염이 되었는지
때 구정물 쏟아지는 걸 보면 안다
수챗구멍으로 빠져나가는 사내의 오욕
세상 돌아가듯이 거품 물고 돌아가는 세탁기
이 아침
그 시절 가난한 허공을 가르던
빨랫방망이 소리 귓전에 어른거린다

해설

경계를 지우는 연상(聯想)의 힘

백인덕 시인

1.

시인은 기본적으로 특정한 발화 형식을 갖는다. 아니, 정확하게 말하면 특정 발화 형식(장르적 규범과 개인적 특성)을 통해 의미의 경중(輕重)과 고도(高度)를 조절한다. 대체로 시인이 의지하는 수사적 기법은 '비유'지만, 사유 혹은 창조적 측면과 연관하면 '연상'이라 할 수 있다. 즉, 아주 원론적인 차원에서 말하자면 시인이란 단순히 사물의 이쪽 대신 저쪽을 보는 존재가 아니라 사물 A와 B의 관계를 통찰해서 여타의 C, D, E 등등으로 확장하려는 의도를 가진 존재들이라 할 수 있다.

박봉준 시인은 이번 시집을 통해 강한 '연상의 힘'을 여실히 보여준다. 무릇 '힘'이란 정의는 방향이 중요하다. 그 방향에 대한 이해가 이 시집을 읽어내는 지름길이 될 수도 있을 것이다. 하지만 누군가는 그것이 다 '비유의 힘' 아니냐고 되물을지도 모르겠지만, 엄밀하게 따져 비유가 정지된 시공을 겨냥할 때 더 빛나는 것이라면 비유하면서 제자리를 끝없이 이탈하는 연상은 생 자체를 함의하고 있기 때문에 보다 넓고 강하다고 이해해야 할 것이다.

연두색 줄기가 창틀을 횡단한다
힘차게 물결을 가르며 그러나 아주 은밀한 영법(泳法)

폭염이 쏟아지는 오후나
태풍 볼라벤이 미친 듯이 바람을 퍼붓는 날에도
스킨다푸스의 영법은 흔들림이 없다

며칠째 술래가 되어도
나는 저, 재빠른 동작을 잡을 수 없어

새벽, 창문 너머 고가도로를 질주하는 자동차 소리, 응급차 소리, 기차 소리, 살찐 도둑고양이 소리, 가로등 불빛을 갉아먹는 풀벌레 소리

소리에 졸다 졸다가 불현듯
무궁화 꽃이 피었습니다 무궁화 꽃이 피었습니다
그래도 여전히 나는 술래

술래가 아니더라도 우리는 박쥐 울음소리를 듣지 못하지

어디까지 가는 것일까
강을 거슬러 오르는 노란 얼룩무늬 연어들

―「스킨다푸스」 전문

인용 작품에는 박봉준 시인의 수사적 전략, 혹은 시적 미덕이 다 드러나 있다. 간략하게 정리해보자면 하나는 확고한 '대상'을 통해 시적 계기가 형성된다는 것이다. 제목이기도 한 '스킨다푸스', 본문의 각주에 따르자면 "천남성과에 속하는 실내용 관엽식물"이 시인의 눈에 포착된 오브제다. 이름을 명료하게 호명하는 것은 관념의 흐릿한 그림자를 걷어내는 가장 빠르고 효과적인 수단이다. 시인은 관찰을 통해 늘 제자리에 있는 것 같은 그 대상이 "연두색 줄기가 창틀을 횡단한다/힘차게 물결을 가르며 그러나 아주 은밀한 영법(泳法)"을 사용하는 것을 본다. '물결'은 물론 시공일 것이고 '영법(泳法)'은 어디론가 가닿고자 하는 목적이 있는 행위일 것이다. 즉 시인은 부동인 척 자기 본질을 숨긴 한 대상의 고투(苦鬪)를 보게 된다.

여기까지는 시인의 탁월한 관찰 능력이 드러난 것으로 보면 된다. 하지만 다음부터는 양상이 좀 달라지는데 이는 순전히 연상능력에 의지한 것으로 볼 수밖에 없다. 시인은 "며칠째 술래가 되어도/나는 저, 재빠른 동작을 잡을 수 없어"라고 토로한다. 상식으로야 스킨다푸스의 성장이 너무 빨라서가 아니라 너무 지속적이어서 순간적으로는 포착할 수 없다는 것을 다 알고 있지만, 시인은 자신이 '술래'가 되었다는 상상을 한다. 시인이 보여준 다른 하나의 능력은 바로 이처럼 관찰한 사실로부터 자신이 연관되는 상상, 연상을 시작한다는 데 있다. '눈'으로 포착하려는 모든 시도는 불발에 그치고 시인을 사로잡는 것은 "창문 너머 고가도로를 질주하는 자동차 소리, 응급차 소리, 기차 소리, 살찐 도둑고양이 소리, 가로등 불빛을 갉아먹는 풀벌레 소리" 등이다. 눈앞에 있는(시각적 대상) '스킨다푸스'의 시공을 가르는 영법은 비록 보지 못하지만, 그것을 보려 할수록 보여주지 않는 '술래잡기'로 전환하는 순간 시인은 기억 속에 실재했던 온갖 소리를 되살려내게 된다. 되살아난 그 소리들은 결국 실재했으나, 지금 실제로 현현하지 않는 존재에 대한 연상을 촉발한다. 이것이 시인의 마지막 미덕이다.

시인은 '불현듯' 기억을 향해 깨어난다. "무궁화꽃이 피었습니다 무궁화꽃이 피었습니다/그래도 여전히 나는 술래"라는 인식은 지극히 현재의 상황과 연결된 것일 수밖에 없지만(이와 관련해서는 뒤에서 살펴보기로 한다) 시인의 연상은 아직 도래하지 않은 사태까지 확장된다. "어디까지 가는 것일까/강을 거슬러 오르는 노란 얼룩무늬 연어들"은 결국 처음 같은 회귀를 꿈꾸는 시인의 바람을 오롯이 담아내고 있다. 시각에 포획된 사물(스킨다푸스)에서 기억 속의 계기들(소리)을 거쳐, 근원으로의 회귀(얼룩무늬 연어들)로 확산하는 연상이 이번 시집의 가장 중요한 동력이라고 할 수 있다.

2.

주지의 사실이지만, 모든 '힘'은 태워버릴 수 있는 '질료'를 가질 때에만 생성된다. 힘이 먼저 있는 것이 아니라 질료가 우선하고, 질료가 아니라 그것들의 충돌과 변형이 우선되어야 한다. 우리에게 내재된 한계란 바로 그런 것일지도 모른다. 이렇게 이해했을 때, 인간 존재의 가연성 질료 중에 가장 풍부하고 질 좋은 것은 기억, 그중에서도 체험적 직접 기억일 것이다. 그리고 또 범주를 한정하면 '가족' 중에서도 그 구성에 있어 절대 불가피한 '부모'에 대한 기억일 것이다.

아버지는 언제나 당원이었다 권력에 기생하려는 철새

당원이었지만 철새가 된 적은 없었다 유신(維新)의 막장
을 보지도 못하고 돌아가실 그때까지 아버지에게는 철새
가 될 기회가 오지 않았다 크든 작든 장사를 해먹으려면
집권당 당원이어야 한다는 당위성을 내게 흘리실 때마다
어린 내 머릿속에도 빠르게 전류가 흘렀다 점포 하나 꾸
리면서 무슨 든든한 빽을 가진 것처럼 장사꾼의 비법인
양 은밀히 전수해주시던 백발의 아버지 사실 아버지는
연약한 텃새였다

—「아버지의 노하우」 전문

시인에게 아버지에 대한 기억은 절대적이라고 할 수 없지만 손쓸 도리 없이 산재(散在)해 있다. 그것도 지금 이 시점에서 이해하자면 상당히 긴 시간에 걸쳐 층층이 아로 박혀 있다. 인용 작품은 아무런 정치적 함의를 갖지 않는다. 다만 환기하는 것이 있다면 부정할 수 없는 역사적 사실에 대한 개인적 대응, 혹은 시대적 대응의 한 단면을 담고 있을 뿐이다. 「청호동 간나」라는 작품에서 유추할 수 있듯이, 속초 '아바이마을'과 연관된 기억들이 세밀하다.

내 아내 이름은 월선이다 내 어머니 이름도 월선이다

방파제 벽에 '월선 조업 금지' 문구가 붉은 깃발처럼 펄

럭이던 시절 옆집 개똥이 아버지가 발동기를 타고 바다에 나갔다가 월선하여 죽을 때까지 피똥을 쌌다

줄줄이 딸 여섯을 엮은 어머니는 육이오 때 남으로 월선하여 금쪽같은 장남을 낳고 내 아내도 월선하더니 한 방에 아들을 낳아 딸 부잣집을 울음바다로 만들었다

바다에도 선이 있는지 바다에 선을 어떻게 그을 수 있는지 어린 나는 개똥이 아버지가 골병든 것보다 기실 그게 더 궁금하였는데

선을 함부로 넘으면 안 된다는 것 죽는 수가 있다는 걸 나는 일찍 알았는데 더러는 그 죽음 같은 선을 넘어서 영원히 사는 그대

—「월선」 전문

시인의 '연상의 힘'이 시적 효과로 드러나는 부분은 앞의 인용 작품처럼 직접적 체험의 해석이 아니라 사실을 받아들이는 시인의 시각이 담담하게 드러날 때라 해야 할 것이다. '아바이'의 경우 그 영향에 대해서는 직접적인 표현이 없거니 분산되어 있지만, '어머이'에 대한 부분에서는 응집하는 또 다른 면모를 보여준다. 시인은 "내 아내 이름은 월선이다.

내 어머니 이름도 월선이다"라고 증언한다. '월선'의 이중적 의미가 가깝게는 여인들의 고난, 멀게는 역사적 질곡으로 연결되는 것을 피할 수 없다. 시인은 "바다에도 선이 있는지 바다에 선을 어떻게 그을 수 있는지 어린 나는 개똥이 아버지가 골병든 것보다 기실 그게 더 궁금하였"다라고 그때를 솔직하게 풀어놓지만, 지금도 그 의문이 유효하다는 측면에서 전혀 의미 없다고는 할 수 없을 것이다. 더욱이 마지막 연, "선을 함부로 넘으면 안 된다는 것 죽는 수가 있다는 걸 나는 일찍 알았는데 더러는 그 죽음 같은 선을 넘어서 영원히 사는 그대"가 있다는 것, 또는 그 사실을 알았다는 것이 시인의 연상의 넓이를 더 확장할 수 있었을 것이다.

어머니의 음주는
처녀 때부터 있던 속병 때문이다
어머니가 마시는 술은
속병을 치료하는 약이라서
주로 주방에서 김치 조각 하나로 드신다

—「어머니의 술잔」 부분

인용 작품에는 '속병'이라는 상징적 어휘로 대체되었지만, 그 시절의 가계와 시대의 질곡은 상식처럼 이해되는 것이 오늘의 현실이다. 그러나 우리가 간과하지 말아야 할 것은 특정한 대상이 대상이 아니라 사유 전반의 기초로서 어쩌면 모든 가치를 뛰어넘을 수 있다는 점이다. 시인은 이를 「적막강산」의 "방 한구석에서 아직도 벽을 기대 있는/그 늙은 괘종시계 물끄러미 바라보니/아, 이제야 조금은 알 것 같다/내 어머니 마음"에서 혹은, "바람 소리 덜컹거릴 때마다/빈 궁(宮)으로 달려오시는 내 어머니"(「빈 궁(宮)」)에게서 찾아낸다.

이 글의 목적은 '연상의 힘'을 살펴보는 것이었다. '기억과 상상'은 연상 작용의 기본적 질료다. 그러나 무차별적이고 소모적인 기억은 자기 연상을 '기대'라는 차원으로 끌어가지 못한다. 늘 그 자리에서 멈추고, 온갖 세부를 과대포장하기에 바쁘다. 하지만 시인은 그 체험 내용을 현재로 소환해서 '연상의 힘'의 한 표본으로 보여주고 있다.

3.

박봉준 시인은 시적 계기로부터 어휘의 선택, 형상화까지가 매끄럽게 이어지면서 수월한 리듬과 상징을 획득하고 있다. 이번 시집의 작품들을 하나씩 분리해서 각 작품의 의미를 다뤄도 충분히 유의미한 작업이 될 것임에 분명하다. 시인은 '시인의 말'에서 "장애를 가진 자식 같은 시"라고 겸손하게 스스로를 정의했지만, 전혀 사실과 다르기 때문에 시인의 미래를 위해 신속하게 철회하는 것이 더 바람직할 수도 있다.

주지의 사실이지만, '연상의 힘'은 단순히 대상을 확충하는 데 있지 않다. 그것은 사로잡는 대상의 층위와 질적 역량을 다르게 선택하는 데서 출발해 이해의 방법(단절, 역전, 혼합)조차 변형하면서 우리가 직접 체험하거나 당대라는 이름으로 이해에 참여할 수 없었던 한계마저 극복하게 해준다. 즉, 연상은 시공간의 경계를 확장하면서 '참여/불참'이라는 구분선까지 무화(無化)하는 능력이다.

여름은 산딸나무 바람개비를 돌리며 온다

화물차 꽁무니에 실려 붉은 황토밭에 고구마를 심으러 온 아낙네들, 점심시간 산딸나무 그늘에 들더니 질펀한 웃음을 깔고 눕는다 잰걸음으로 지나가며 귀를 세우는 바람 조각들

어디서 몰려왔을까 저, 나비 떼

산딸나무 그늘에 앉으면 교복의 하얀 칼라가 유난히 빛나던 단발머리 그 계집애가 생각나고, 십자가를 메고 골고다 언덕을 오르시는 예수님 생각도 나고, 시집을 가도 친정에 붙박이로 기생하는 산달이 다 된 딸아이가 걱

정인데

거시기, 봉하마을 틀낭도 안녕하신지

—「산딸나무 그늘」 전문

위의 작품은 독자에게 많은 입구를 암시한다. '산딸나무'에 집중할 수도 있고, '그늘'에 또는 '나비 떼'나 '봉하마을'을 그 출입구로 삼을 수 있다. 하지만 그 어떤 입구로 들어가더라도 "붉은 황토밭에 고구마를 심는" 때로부터 자유로울 수는 없다. 좀 비약하자면, '때'를 바꾸는 것이 아니라 우리의 '행태'를 바꾸는 것이 모든 변화의 기본 조건이다. 시인의 연상은 '산딸나무'에서 출발해서 눈앞의 '아낙들', 단발머리 '그 계집애'와 '예수님', '봉하마을'이 순차적으로 떠오른다. 그러나 모든 것이 순차적이라 해서 결코 순리적이 아니라는 데서 시인의 능력이 드러난다. 시인은 이를 「동방의 개」를 통해 해학적으로 보여준다. "지금 생각해보아도/개 같은 세상이 되는 것은 어려운 일이 아니다//그때도 시작은 소소한 침묵에서 출발했다"는 것이다. 솔직하고 확실하고 통쾌한 진단이다. 역(逆)으로 사유하는 것도 자연스러운 것이다.

어머니는 생진에 가끔 뼈 있는 말씀들을 하셨지

밤에 휘파람을 불면 뱀이 나온다거나 이름 가진 날 태

어나면 팔자가 드세다는 근거 없는 말씀도 하셨는데 나름 그럴싸한 이유가 있었지

식구들은 초파일에 태어나 굴곡이 심하다는 누나를 무덤덤하게 잊고 살다가도 생일이 오면 살갑게 기억해냈지 피 냄새가 당겼지

계사년 4월 16일 아침 나는 일곱 번째로 태어나고 세월호의 아이들은 그날 백태 낀 우리 눈(眼)에 수장되었지 나는 졸지에 비운의 이름 가진 날 생일이 되었지

유언비어를 남발하시던 어머니 말씀엔 아직 뼈에 꽃이 피고 있었지

생일날 나는 꽃 대신 리본을 달게 되었지 평생 노란 리본을 달게 되었지

—「4월 16일」 전문

단순히 앞으로 가거나, 뒤돌아서 가거나 지금 이 순간 너와 너의 아바타의 닮음을 추궁하는 것 정도는 '연상의 힘'이 아주 미약하게 사용된 경우다. '연상'한다는 것은 폭력적으로 이것과 저것을 이어 붙여 해석하려는 노력이다. '어머니'

의 관습적이고 일견 구태의연한 심리적 콤플렉스가 '현실의 사건'으로 내 눈앞에 떠오르고, 그것이 "백태 낀 우리 눈(眼)" 때문이었음을 어렵게 직시했을 때, "생일날 나는 꽃 대신 리본을 달게 되었지 평생 노란 리본을 달게 되었지" 고백하는 용기가 바로 '연상의 힘'인 것이다. 이 '연상의 힘'이 바로 박봉준 시인의 앞으로의 시적 여정을 가늠해볼 수 있는 키워드가 될 것이다.

글씨는 바른손으로 써야 한다고
우리 부모님은
왼손으로 연필을 잡는 나에게 야단치셨어요
밥도 오른손으로 먹어야 한다고
밥상머리에서도 혼내셨어요
선생님이 물으시면
나는 오른손잡이라고 힘차게 손을 들었지요
사실은 왼손으로 이빨 닦고
연필 깎고 면도질하고 머리 빗질하고
화투판에서 왼손으로 패를 돌리는
나는 지금도 내가 왼손잡이라고 생각해요
오른쪽은 바르고
왼쪽은 바르지 못해서
왼쪽이 편한 내가 평생 떳떳하지 못했지요

사람들은 오른쪽을 우파라 하고
왼쪽을 좌파라 해요
어느 날부터
왼손을 더 즐겨 쓰는 나는 좌파가 됐어요
시계는 오른쪽으로 돌아
사람들은 종일 시계를 보고 살지만
지구는 왼쪽으로 돌아요
달도 왼쪽으로 돌지요
다행입니다

—「지구는 좌파입니다」 전문

그런데 여기까지 써놓고 보니 이 시집 『입술에 먼저 붙는 말』이 박봉준 시인의 첫 시집이다. 하, 첫 시집이 이렇게 무르익어도 되나! 하는 경외심과 함께 강호엔 역시 숨은 고수가 많구나 하는 안도감이 든다. 그들의 존재가 한국 문학을 떠받치는 힘이다. 자극은 또 다른 자극을 불러일으키나니, 이 또한 '연상의 힘'이 아닐까.

이 도서의 국립중앙도서관 출판시도서목록(CIP)은 서지정보유통지원시스템 홈페이지(http://seoji.nl.go.kr)와 국가자료공동목록시스템(http://www.nl.go.kr/kolisnet)에서 이용하실 수 있습니다.(CIP제어번호: CIP2018018902)

문학의전당 시인선 0285

입술에 먼저 붙는 말

초판 1쇄 인쇄 2018년 7월 13일
초판 1쇄 발행 2018년 7월 20일
지은이 박봉준
펴낸이 고영
책임편집 서윤후
디자인 헤이존
펴낸곳 문학의전당
출판등록 제2017-000002호
주소 서울시 마포구 마포대로 11길 91, 3층
전화 02-852-1977 팩스 02-852-1978
전자우편 sbpoem@naver.com

ISBN 979-11-5896-375-0 03810

* 이 시집은 2018 강원도, 강원문화재단 후원으로 발간되었습니다.